L'INSTRVCTION
DV SOLDAT,
TOVCHANT LE DEVOIR
DES GVETS, ESCOVTES,
Rondes, Sentinelles, & autres
subiets de l'art mi-
litaire.

Par IEAN DESCIAV.

R.
3460.

A PARIS,
Chez DENYS LANGLOIS, ruë sainct
Iacques pres les Iacobins.

M. DC. XV.
Auec Priuilege du Roy.

(5)

IE traicte de quatre matieres. La premiere est, de ce que doit obseruer le simple Soldat pour viure en homme de bien.

La seconde des douze factions ou sentinelles, differentes les vnes des autres, ou le simple Soldat peut estre posé.

La troisiesme, du deuoir de la Ronde.

La quatriesme est, des moyens qui seruent à recognoistre la capacité de ceux ausquels l'on veut donner charge, ou commandement.

AV ROY.

IRE,
Si ie prends la har-
diesse d'estaller par-
my vostre riche
Royaume le peu de
profit que i'ay peu
faire en portant les armes au seruice de
vostre riche & triomphante Couronne,
à celuy de la Maiesté Imperiale, à celuy
du Roy d'Espagne, & à celuy de la grande Seigneurie de Venise, ie le fay à l'imi-
tation de tous vos autres fidelles subiects
qui s'efforcent tous à qui mieux mieux
d'offrir toute leur industrie pour l'orne-
ment, deffence & conseruation de vostre
heureuse & redoutable Monarchie.
Encores y a il, Sire, deux causes qui m'in-

A ij

duisent à le faire, l'vne est que les Autheurs qui ont escrit de l'art-militaire
n'ayant que maigrement parlé des deuoirs que ie represente qui sont tres-im-
portans, i'ay creu estre raisonnable de
suppleer à leur deffaut. L'autre cause qui
est la principale, est que ce petit discours
a eu l'honneur d'estre entre vos belli-
queuses mains. Et ceux qui me l'ont ren-
du m'ont dit que vostre Maiesté auroit
plaisir de le voir imprimé. Vostre plaisir
donc, ô Sire, qui me peut faire porter aux
lieux plus hazardeux du monde, m'a
commandé de l'imprimer, & m'a donné
la hardiesse de le dedier à vostre Maiesté
& de la prier tres-humblement de le
receuoir en bonne part de la main

SIRE

De vostre tres-humble & tres-
obeissant subiect & seruiteur
IEAN DESCIAV.

LE DEVOIR DES GVETS,
ESCOVTES, RONDES
& Sentinelles.

LEs murailles de la milice sont les Guets, Escoutes, rondes & Sentinelles qui sont autour d'vn camp & sur ramparts & murailles. Mais au Soldat qui veut s'y rendre idoine pour s'acquitter de son deuoir, quatre qualitez luy sont requises.

La premiere, d'auoir la crainte de Dieu deuant ses yeux, & estre fidelle à son Prince, & ne faire tort à personne qu'à ses ennemis en souuenance du serment qu'il a fait.

La seconde est l'obeïssance, ne rien refuser à ses superieurs, estre prompt à executer leurs commandemens.

La troisiesme est d'apprendre à se bien seruir de ses armes pour bien attaquer, & mieux deffendre.

A iij

La quatriefme d'eftre foigneux de fon
deuoir, eftre defireux de l'apprendre tant
pour s'en bien acquiter, que pour fuir les
punitions qui fe font pour les fautes com-
mifes, que pour paruenir aux charges &
honneurs, & pour ce faire doit prier fon
Caporal & Lancepaffade, & autre, de luy
enfeigner & monftrer à fe mettre en def-
fenfe, & à quoy confifte fon deuoir pour
auoir le temps de l'enraciner en fa memoire, car il ne feroit pas temps d'attendre fur le lieu.

Amy Lecteur, ie t'aduertis que le Soldat pour s'acquitter de fon deuoir doit
eftre muny de pouldre, balles & mefché
& fuzil, bougie, auffi luy eft neceffaire
moule & tireboure. Le picquier ne doit
point manquer de petits cloux, vne lime
luy feroit fort propre, car l'on ne trouue
pas des armuriers par tout. Le moufque-
taire doit apprendre à faire fes balles &
mefche, fi par fortune il en auoit faute,
car on ne trouue pas de la munition par
tout, & quelquesfois elle fe trouue cour-
te, mais la fçachant faire il la faut allonger
ayant les materiaux.

Il apprendra à nager, car cela luy eft
fort vtile. Ie le fçay pour m'en eftre feruy,

Il aura tant le mousquetaire que l'harque-
busier deux ou trois balles en bouche, sa
mesche allumée par les deux bouts selon
les lieux où il sera, comme dans les tranchées ou autres lieux en temps de l'alarme, bref ses armes seront prestes à toutes
sortes de deuoirs militaires, comme il est
tousiours prest à receuoir de l'argent: non
pas faire comme le Soldat d'Alexandre
le grand qui attendit iusques à l'heure de
la bataille de r'accommoder la corde de
son iauelot, lequel estant apperçeu par ledit Alexandre, fut cassé à la teste des ban-
des. Qu'il se donne bien garde de perdre
ses armes, car les perdant il perd son honneur sans le tort qu'il fait à son Prince.

Il ne doit entrer en faction quelconque
pour autruy sans permission ou commandement, ny prester ses armes sans congé
de celuy qui commande à la compagnie:
qu'il se donne de garde tant le picquier
que le mousquetaire qu'allant en faction
se souuienne du commandement qui
luy aura esté fait, & que ses armes soient
en deffence. Qu'il charge a balle qu'il ra-
fraischisse l'amorce de son mousquet
ou harquebuse, car s'il venoit à faire vne
faute, il ne lairroit d'en partir aussi bien

que celuy qui le cominande, lequel doit
auoir le foin de difpofer fes armes, mais
bien fouuent ne s'en fouuient pas, & à
d'aucuns l'ignorance le leur fait oublier,
qu'il fe donne garde eftant en faction
d'eftre furpris. Si c'eft à vn paffage qu'il
s'efcarte le plus qu'il pourra, & fi c'eft
dans vne guerite, lors que la ronde vient
à luy il doit fortir auec fes armes tour-
nant la pointe du cofté de la ronde iufques à ce qu'elle ait paffé, fe deffiant autant des vns que des autres.

Tout Soldat entrant en vne compagnie fe doit informer où gift la perfe-
ction, & qui font ceux qui font capables,
afin de les frequenter pour apprendre
quelque chofe d'eux, car il doit eftre cu-
rieux de demander toutes chofes qui luy
font vtiles, fans auoir crainte d'eftre appellé ignorant, car il vaut mieux le donner à cognoiftre en particulier, que non
pas fe faire cognoiftre en commun. Qu'il
ne frequente les ignorans que le moins
qu'il pourra il ne doit vfer parmy eux des
paroles à double fens, c'eft à dire à deux
ententes, afin d'euiter aux querelles, & fi
quelqu'vn l'offence il fe retirera à celuy
qui commande à la compagnie pour luy

en faire faire satisfaction, car le Roy le
veut ainſi.

Qu'il voye les ordonnances craignant
de faire quelque faute, ce qu'il doit ab-
horrer, & le doit euiter le plus qu'il pourra.

Qu'il ſe donne garde d'eſtre menteur,
ny flatteur, ny rapporteur, que ſur tout
il ne rapporte rien de ce qu'il entendra
dire a ſes ſuperieurs: & quand il aüra quelque plainte à faire à ſon Capitaine ou autres ſuperieurs il la doit faire en particulier.

Et pour fuir aux querelles qu'il ſe donne garde d'vſer de ces demandes etnic-
ques & ridicules de nos François, qui
ſont de s'enquerir ſi ceſtuy-cy eſt riche,
ceſtuy-là Gentil-homme, & l'autre roturier, qui ſont des demandes infames, veu
les grands malheurs qui en arriuent. Car
le roturier qui aura atteint quelque per-
fection pour faire ſa fortune ſe dira Gentil-homme, & toy tu t'en iras dire qu'il eſt
villain ou roturier à vn tien amy, & l'amy
à vn autre amy & de l'amy à l'ennemy, tu
marchandes à te faire perdre, veu que tu
conuies la perſonne de qui tu auras meſ-
dit de ſe coupper la gorge contre toy, veu

que tu luy puis cauſer vne ſi grande per-
te, car tel luy voudra du bien & l'honore-
ra ſous creance qu'il ſoit Gentil-homme
qui le meſpriſera.

Que dirons nous du Gentil-homme
nay pauure qui ſera incogneu? le voyant
nud tu demanderas ce qu'il eſt, & par le
ſot iugement de la veuë on te dira qu'il
n'eſt pas Gentilhomme, ie te prie laiſſes
ces demandes ſiniſtres & peruerſes, cache
leurs infirmitez de meſmes que tu celes
les tiennes, de peur qu'il n'en arriue du
mal que tu ne le conuies de meſme que
l'autre de ſe precipiter contre toy, & ap-
pren que ces informations ne ſont deuës
qu'aux Roys & Princes & Seigneurs, &
parens & parentes.

Au Roys & Princes & Seigneurs par
authorité.

Et pour ſçauoir à qui ils ſe doiuent fier
pour donner les charges ou commandemens.

Aux parens & parentes pour ſçauoir
auec qui ils s'allient, ou auec vn Turc ou
Iuif, ou Ladre.

La plus commune frequentation du
ſoldat doit eſtre au logis de ſon Capital

ne, tant pour s'acquiter de son deuoir en-
uers luy, que pour ouyr & entendre les
choses qui sont de sa vacation, car c'est là
qu'il se peut rendre capable par le moyen
des accords des querelles, & des autres
bons discours qui s'y tiennent.

Il ne doit vendre ny engager ses armes,
ny mesme les changer de Soldat à Soldat
ny auec nul autre sans le sçeu de celuy
qui commande à la compagnie. Estant
malade ou blessé doit aduertir aussi celuy
qui commande à la compagnie, & luy
faire sçauoir le lieu où il est malade.

Le Soldat ne doit partir du cartier ny
du corps de garde moins dessous le drappeau lors qu'il est aux champs sans congé
de celuy qui commande, & soit aduerty
qu'il ne doit refuser le commandement
de tous ceux qui ont pouuoir dedans la
compagnie, car il doit obeïr au dernier
Lancepassade.

Le Soldat ne doit attendre le second
coup du tambour pour aller où il sera
appellé, & doit apprendre toute sorte de
batterie au son de tambour & trompette,
voire les signals du canon pour mieux
s'acquiter de son deuoir.

Doit cognoistre tous les chefs du regi-

ment, Lieutenants & Enseignes, & Ser-
geans & autres selon les lieux, parce qu'ils
luy peuuent commander, & ne doit refuser leurs commandemens & sans mur-
murer pour ne sçauoir pas pourquoy
c'est, car ils ne sont pas tenus de luy en
donner cognoissance.

Soit aduerty qu'en quelque lieu qu'il
soit suruenant esmeute ou querelle, n'y
doit porter autres armes que l'espée quãd
ce seroit pour deffendre son propre pere,
qu'en temps d'alarme il ne coure ailleurs
qu'à son drappeau ou son corps de garde,
& qu'il sçache qu'estant campé il ne doit
coucher ailleurs que dans sa tante ou lo-
ge pour estre trouué à la necessité. S'il faut
marcher à la sourdine, il ne doit aller dans
les tranchées armé ny desarmé sans estre
commandé. En quelque lieu qu'il soit il
ne doit vendre munition quelconque,
(car cela fait tort à son Prince, & bien souuent à luy-mesme) pour estre transportées
à ses ennemis.

Tout Soldat soit aduerty que sortant
d'vn quartier ne doit estre paresseux de
porter du pain & autres viures, car il se
doit deffier d'en trouuer par tout, veu
que le Prince y est empesché luy-mesme

bien souuent de ses ennemis ou autres choses, comme fut vn Cyrus Roy de Perse, qui fut durant le Siege de Babylone contrainct d'ordonner de tuer de ses soldats pour luy viure & le reste des siens.

Le Soldat estant mis en bataille ne doit sortir sans estre forcé, & pour obseruer l'ordre doit recognoistre quatre, trois, & deux de ses compagnons, selon le lieu où il sera, à sçauoir quatre estant au milieu, trois estant sur l'aisle, & deux au coing, cela luy seruira pour retrouuer sa place, & doit obseruer le silence pour entendre le commandement qui se fait pour faire passer la parole à ceux qui n'en ont cognoissance. Remarque le mot de Passe parole (Lecteur) car il est d'importance la nuit principalement, car l'on punist ceux qui manquent à faire passer le commandement qui se fait.

Qu'il se garde d'estre larron, car cela desroge à la qualité de soldat, & qu'il tasche à bien mesnager son argent, & qu'il le pese en le depensant aussi bien qu'en le receuant, car s'il est court l'on ne luy receura pas, & qu'il se garde bien de s'enyurer, car cela le rend indigne d'auoir commandement, sans l'offence qu'il faict à

Dieu d'en prendre plus qu'il ne luy en
faut outre qu'il se priue de toute compagnie pour auoir l'esprit troublé & le visa-
ge deffiguré de telle façon. Que s'il se
voyoit estant yure il auroit plus d'horreur
sans comparaison que le chameau qui
trouble l'eauë pour ne se voir pas, mais
l'homme ne sçauroit voir estant yure, car
s'il se voyoit il casseroit le miroir qu'il
tiendroit, & qu'il se donne de garde de
iurer le nom de Dieu, car le iurant est pis
que les Iuifs qui crioient Qu'il meure,
Crucifiez le. Il le doit prier d'vn bon zele
& d'vne bonne affection & que son esprit
ne soit transporté ailleurs. Car

  La priere sans idee
  Par raison est reiectée:
  Mais celle qui est d'esprit
  Est plaisante à Iesus-Christ.

Il n'est pas hors de propos que le Soldat
apprenne plusieurs sortes de langues, tant
pour son vtilité que pour au besoin en
faire seruice à son Prince: & pour ce faire
ie luy en donneray vn petit moyen qui
sera la suitte de plusieurs vocables dictiôs
ou paroles qui se diront icy, apres lesquel-
les iointes ensemble, ie les appelle clefs
des langues, parce que par elles on trouue

le moyen de se rendre congru à toutes
sortes de langues pratiquant ceux qui en
ont cognoissance. Or sçache qu'vne clef
qui aura plusieurs dents doit estre entiere
pour s'en seruir, car s'il y en manque vne
partie le reste ne seruira de rien : aussi ces
dictions & vocables qui se diront cy-
apres pour s'en seruir doiuent estre ioin-
ctes ensemble pour en faire vne bonne
clef d'intelligence & de science. Nous
parlerons donc de la premiere qui sera
la Françoise qui enseignera les autres,

Les sept deuoirs de la picque.

Le premier est de mettre la pointe deuant aux entrées & sorties si ce n'est les derniers rangs, troisiesme ou quatriesme pour faire teste si besoin en est.

Le deuxiesme est qu'estant à la campagne le Roy ou la Royne, ou le general, ou le collonnel de l'infanterie venant à passer, la picque se doit porter droite en bataille iusques à ce qu'ils soient passez.

Le troisiesme est qu'à certain temps passant pardeuant ces personnages on doit abbaisser la pointe de la picque deuant contre terre plus ou moins selon les personnages à qui on fait la reuerence.

Le quatriesme que passant parmy des gens de guerre arrestez auec leurs armes la picque se doit porter droite passant tousiours en deffiance, ou bien pour leur faire honneur.

Le cinquiesme est aux enterremens où on porte la picque trainante la pointe contre terre.

Le sixiesme est qu'aux monstres ou autres occasions se rangeants à vn corps de bataillon en arriuant proche de la queuë de la longueur de la picque, on doit leuer

la picque

la picque en trois temps, & marcher auec
grauité la remettant en trois temps.

La septiesme ceremonie de la picque
est que aux lieux que l'on entre en garde
de iour releuant compagnie ou escouade,
il faut en approchant de la teste à la longueur de la picque leuer la picque auec
grauité comme gens à qui on doit ceder
la place, car d'entrer parmy eux auec la
picque de bihais, comme ie voy faire, cela me fait resouuenir de ceux qui passent
soubs le ioug, qui sortent hors d'vne place auec capitulation, qui ne doiuent porter leurs picques autrement que de biais.

Tout soldat bien aduisé doit sçauoir le
nom de tous ceux de la compagnie pour
s'en seruir selon les lieux & saisons, comme il luy sera commandé, comme deuant les armes qui en est le lieu plus requis.

De la Sentinelle qu'on pose deuant les armes.

Le Soldat donc estant en sentinelle deuant les armes doit auoir l'œil sur icelles,
& à la porte du corps de garde, auquel il
ne lairra entrer personne que ceux de la
garde les recognoissant bien, & de nuict
principalement ne doit permettre que

perſonne y entre ſans donner le mot, ou
il appellera le Caporal pour le receuoir,
& ceux de la garde deuroient donner
leur nom quand ils n'auroient ſorty qu'vn
pied hors du corps de garde, & pour ceſte
cauſe, demãder, Qui va-là, & reſpondant
La ronde, ou bien, Dē la garde, il demandera qui, de la garde, ayant touſiours les
armes en deffence, & prendre garde que
perſonne ne tranſporte les armes hors du
corps de garde, ny que perſonne les tou-
che, ny manie ſans en demander permiſ-
ſion, & doit eſtre ſoigneux ſi les autres
ſentinelles n'appellent point, & doit obſeruer tout ce qui luy ſera enioint par celuy qui l'a poſé, qu'il ne quitte ſa place
pour choſe quelconque, car en ceſt endroit là & à vne barricade & ſur vne muraille, il doit creuer auant que quitter la
place.

La ſentinelle deuant le logis du Roy, ou du
general d'armée.

Le deuoir de la ſentinelle de deuant
le corps de logis du Roy ou du general
d'armée, conſiſte a obſeruer tout ce qui
luy ſera commandé par celuy qui l'a poſé, il prendra garde que perſonne ne ſe
querelle autour de luy, ce qu'il ne doit

permettre, & le doit empescher par l'effort de ses armes, sans neantmoins quitter
sa place, & cas aduenant que quelqu'vn
se vouluft sauuer deuers luy, il luy donnera le passage, & les autres les arrestera par
l'effort de ses armes, & appellera le Caporal
pour s'en saisir s'il peut, & en temps
d'alarme, luy ayant esté commandé que
personne n'entre auec des armes ou sans
armes, doit les arrester sans attendre qu'ils
soient à luy, & si la temerité les porte à le
forcer, il doit descharger sur eux & appeller le Caporal pour les recognoistre, mais
autrement c'est vn lieu qui est libre pour
le passage, iusques à ce qu'il soit heure in-
deuë, que le logis du Roy ou general est
fermé, qu'il doit s'informer à ceux qui
vont roder là autour, sçauoir ce qu'ils
cherchent, & selon le subiect il en aduertira ses superieurs. Il prendra garde que es-
chelle ny corde n'y soit téduë pour mon-
ter ny descendre du logis du Roy ou general, il ne se laissera presser, & fera retirer
vn chacun doucement qu'il ne frappe
personne qu'auec grand subiect comme
pour luy auoir refusé de se retirer d'aupres de luy: il ne doit chanter, ny siffler, ny
discourir, il escoutera si l'on ne crie Arre-

B ij

ſte quelqu'vn, lequel doit eſtre arreſté
ſans feinte : bref, il obſeruera tout ce qui
luy ſera cõmandé, comme plus neceſſaire.

De la ſentinelle de la tranchée.

Le deuoir de la ſentinelle de la tranchée ou de l'enceint du corps de garde
non clos, eſt de ne chanter, ny ſiffler, ny
diſcourir, ny endurer perſonne aupres de
luy, il doit auoir la meſche allumée par
les deux bouts, auoir trois ou quatre balles en la bouche, & les armes touſiours en
deffence, craignant la ſurpriſe, tant deuant que derriere, tant de ſes ennemis,
que de ſes ſuperieurs, qu'il ne doit laiſſer
approcher qu'il ne cognoiſſe bien, &
pour ce faire diront leur nom, ou bien le
mot, ſi c'eſt lieu où il le faille donner, qu'il
appellera celuy qui a pouuoir de le receuoir. Or ces noms luy ſeruiront pour recognoiſtre ceux qui ont pouuoir de le viſiter, & pour luy aller faire vn commandement extraordinaire, & pour recognoiſtre la ſentinelle perduë qui vient ſans
donner l'alarme, qu'il prendra ſon nom à
baſſe voix à la pointe de ſes armes, ſans ſe
fier pour dire de la garde, car les ennemis
en diront bien autant : il ne doit laiſſer entrer perſonne ny ſortir ſans commandé

ment expres, il fera arrester vn chacun le
plus loin qu'il pourra iusques à ce qu'il
aye appellé ses superieurs pour leur donner l'entrée ou la sortie ; & si quelqu'vn
des ennemis se va rendre à luy, le fera arrester à l'escart & appellera celuy qui cō-
mande pour le luy mettre entre les mains,
il escoutera si les autres sentinelles n'appellent point pour faire le semblable, le
faisant sçauoir à qui commande, il regardera par dedans & dehors pour empescher l'issuë ou entrée de quelque traistre,
lequel doit estre tué ou saisi, mais il gar-
dera de le tuer s'il n'y est forcé, & arresté
ou non, il en aduertira ses superieurs. De
plus il regardera s'il ne verra point quelque signal de feu, mesches, ou entendra
quelque baston à feu ou cauallerie, ou
bien la voix de quelqu'vn, ou apperce-
uant quelqu'vn ne s'en doit esmouuoir,
s'il ne iuge bien que ce soit les ennemis,
mais il fera son rapport à ceux qui le vont
visiter de ce qu'il aura veu & ouy : car il ne
doit quitter sa place sans estre forcé de
l'ennemy apres auoir demandé Qui va là,
selon le subiect tirera son coup ou appellera aux armes, se retirera d'vne sentinelle
à l'autre droit au corps de garde, s'il est

pourſuiuy de l'ennemy, il rapportera au
vray le ſubiect de l'alarme, & ſi c'eſt lieu
qu'on luy euſt enioint qu'il ne tiraſt point
ny parlaſt point, & qu'apertement il viſt
les ennemis, ſourdement ſe retirera à la
ſentinelle de derriere luy, & luy donnera
à cognoiſtre qu'il ne va point aduertir le
corps de garde à faux, & s'ils ſont deux,
l'vn demeurera à ladite poſe iuſques à
eſtre forcé de la quitter, remarquant bien
la façon des ennemis ſe retirera peu à peu
d'vne ſentinelle à l'autre: or s'ils ſont deux
ils doiuent faire vn coup d'eſtat, qui eſt
que voyant vn iuſques à deux qui vinſſent
en pas de renard pour entrer dedans le
camp, ou enceint du corps de garde doiuent les eſpier ſans mot dire, & celuy qui
eſt le mieux en iambes qui a les armes les
plus commodes, les doit ſuiure l'eſpée
hors des pendans, s'il n'y peut porter ſes
armes, s'empeſchant bien d'eſtre apperceu, iuſques au lieu qu'il iugera qu'il ſera
aſſez fort pour les faire ſaiſir par ſes ſuperieurs ou autres à qui il demandera main-
forte au defaut de ſes ſuperieurs entre les
mains deſquels il doit laiſſer ſes priſon-
niers, qu'ils s'empeſchẽt bien de tuer s'ils
ne ſont forcez à ce faire, or ſi ladite ſentí-

nelle & efpiant les ennemis, voyoit qu'ils
s'en retournaffent deuant que d'entrer
dans l'enceint pour les empefcher de re-
cognoiftre doit fe defcouurir, & à haute
voix demander, qui viue, & le plus expe-
dient eft d'obferuer tout ce qu'on luy aura commandé.

De la fentinelle deffus la muraille.

Le deuoir de la fentinelle de deffus vn
rampart ou muraille, eft de bien regarder
& efcouter, tant dedans que dehors le
foffé & autres lieux, felon le fubiect par le
dedans, craignant les trahifons, prenant
garde que quelque affemblée ne fe face
aux prochaines maifons de la muraille
pour faper ou miner, ou chofes fembla-
bles, & par le dehors il regardera s'il ne
verra quelques mefches ou autres fignals
de feu, ou entendra de la caualerie, comme eftant fubiette à faire grand bruit, ou
bien quelque bafton à feu tant loin que
prés, ou bien s'il entendra la voix de quelqu'vn, ou fi les fentinelles n'appellent
point pour fe le faire entendre de l'vn à
l'autre, iufques à ce que le corps de garde
en aye cognoiffance, ou deuant que d'appeller ny donner allarme qu'il vift vne
ronde ou autre, qui aye pouuoir de le vi-

fiter qu'il fuft prés de là, il doit attendre
d'appeller pour luy reciter tout ce qu'il
aüra veu & ouy, ou ce feroit qu'il vift ap-
pertement les ennemis, car en cela il ne
doit attendre perfonne, qu'il ne prenne
l'alarme de luy-mefme, car il faut que ce
foit pour auoir defcouuert la trahifon di-
cte cy-deuant, ou pour auoir ouy ou veu
les ennemis à vn geft de pierre du foffe ou
plus prés, apres auoir demandé, qui viue,
qu'il ne s'amufe à parler à perfonne, mais
appellera fes fuperieurs pour fatisfaire à
leurs demandes. Et fi apres leur auoir dict
demeurez là, qu'ils approchaffent, ne
feindra de defcharger fur eux fans attendre leur entreprife. Il doit auoir les armes
en deffence lors que la ronde & autres
viennent vers luy, il leur ouurira le paffage apres les auoir fait parler, & fi c'eft lieu
qu'il faille donner le mot faut les arrefter
pour le leur faire donner, & doit appeller
le Caporal pour le receuoir: & s'il arriuoit
vne ronde fourde, doit luy faire donner
vn mot qu'il doit auoir, fi l'on me veut
croire & prendre mon vfage, lequel mot
il doit prendre à la pointe de fes armes,
car il eft à propos que la ronde fourde en
aye deux, vn pour les rondes & corps de

garde, & l'autré pour les sentinelles. Or autre que rondes estant apperceu sur vn rampart ou muraille doit estre saisi, sans neantmoins quitter sa pose, mais doit appeller le corps de garde à son ayde pour s'en saisir, s'empeschant bien de tuer s'ils ne sont forcez à ce faire, mais le tiendront prisonnier estroictement, iusques à ce qu'il soit mis entre les mains de leurs superieurs, que l'on en aduertira le plustost que faire se pourra, afin de changer l'ordre s'il en est necessaire. Donc pour ceste cause nul Soldat sans pouuoir ne se doit promener, tant de iour que de nuict sur rampart ny muraille és lieux soupçonneux principalement.

Du deuoir du guet dessus vne tour.

Le deuoir du guet ou sentinelle de dessus vne tour du bord de la mer ou par dessus vne porte de forteresse, ou lieu semblable doit regarder le plus loin qu'il pourra pour auoir le temps de discerner la caualleric d'auec l'infanterie, barques d'auec galleres ou autres vaisseaux, & doit auoir pour faire le signal pour discerner l'vn d'auec l'autre, & monstrera de quel costé c'est, & en dira le nombre si faire se peut ou bien le sonnera par le moyen de

la cloche, de laquelle il en donnera l'alarme si besoin en est, laquelle se doit donner
voyant approcher les ennemis pour sur-
prendre ou pour faire rafle de prisonniers
ou du bestail : & si l'on ne veut point qu'il
donne l'alarme, il appellera celuy qui a
commandement ou bien il y aura au bas
de la tour vne clochette pour en aduertir
celuy qui commande, & de nuict qu'il en-
tendist donner l'alarme ou bien qu'il ouit
tirer vne sentinelle de minutte en minutte, sonnera sa cloche trois ou quatre fois,
& si le feu est dans vn quartier fera la mesme chose, & dira ou monstrera de quel
costé c'est par son signal.

De la sentinelle de la porte de la forteresse.

Deuoir de la sentinelle de la porte de
forteresse ou place de guerre, elle prend
garde que le passage ne soit empesché par
le moyen du bestail ny que charrette n'y
entre chargée de coffres, pailles, ny foin,
carrosses fermez ou chose semblable, le
où on se pourroit cacher tant entrant que
sortant, elle appelle le Caporal pour y
garder & pour recognoistre toutes sortes
de personnes qui veulent entrer, que ladit-
te sentinelle arrestera ayant les armes
hautes & en deffence tandis qu'ils par-

lent à eux, qu'elles prennent garde sur tout que personne masquez n'entrent ny sortent, car quand ce seroit la femme du gouuerneur, elle doit oster son masque passant par deuant luy.

De la sentinelle de l'embuscade.

Le deuoir de la sentinelle d'vne embuscade est de prendre garde autour de soy, tant loin que prés, afin de iuger si personne, tant petite que grande ne viendra en lieu qu'il peust descouurir ladite embuscade, afin d'en aduertir sans se descouurir luy-mesme, car il faut que ce soit par signe ou appellant si le lieu le permet, qu'il s'empesche bien de tirer ny donner alarme si n'estoit surpris luy-mesme, de ce qu'il se doit bien garder, s'il ne veut en patir le premier.

De la sentinelle des machines de guerre.

Le deuoir de la sentinelle des poudres & machines de guerre, est prendre garde tant de iour que de nuict, que personne n'approche desdites poudres à la longueur d'vne picque auec du feu, & plus si faire se peut, & ne permettra que personne y entre sans le faire sçauoir au Commissaire pour leur liurer la munition ou satisfaire à leurs demandes, il demandera

aux Sergeants ou autres qui viendront
en leur place deuant de laiſſer approcher
ſçauoir combien d'hommes ils meinent
auec eux, afin que quelqu'vn ne ſe meſlaſt
auec eux pour faire quelque fourbe.

De la ſentinelle du Canon.

Le deuoir de la ſentinelle du canon à
reſte ou en batterie, eſt de prendre gardé
que perſonne n'approche que les officiers
du canon, meſmes pour empeſcher les
eſpions doit empeſcher que perſonne ne
paſſe, ne s'arreſte en lieu qu'il puiſſe recognoiſtre le canon, ny voir là où il pointe.

De la Vedete.

La vedete ou ſentinelle de deſſus vne
montagne ou lieu eminent, ſon deuoir
conſiſte à regarder au loin & autour de
ſoy pour voir s'il ne verra les ennemis, &
les voyant, elle fera ſigne de ſon chappeau
ou mouſchoir au bout d'vn baſton, &
monſtrera de quel coſté c'eſt à ſon gros
ou ſentinelles Par fois elle tire ſon coup,
par fois elle part ſans faire ſemblant de
rien, & par fois elle attend qu'elle ſoit for-
cée, elle ſe retire deuant iour failly, ſelon
qu'il luy eſt commandé, ſoit aduerty que
en quelque lieu qu'elle ſoit en ſentinelle,
ne doit parlementer auec les ennemis,

bien que par eux il y fuſt conuié, & l'appellant pour ce faire, il en aduertira celuy qui commande, car c'eſt à luy à reſpondre à leurs demandes.

De l'Eſcoute.

Le deuoir de l'eſcoute ou ſentinelle de la mine, eſt de bien eſcouter ſi les ennemis ne contreminent point, & les oyant trauailler doit bien eſcouter de quel coſté, ou deſſus ou deſſous pour le declarer à ceux qui le vont viſiter, & cas aduenant qu'il ouyſt fermer la planche que l'on ne trauaillaſt plus à vn quart d'heure apres, ſortira pour en aduertir ſes ſuperieurs, afin qu'ils ayent le temps d'y pouruéoir, que celuy de l'entrée en aduertira, lequel doit empeſcher que perſonne n'y entre que ceux que celuy qui l'aura poſé luy aura commandé.

De la ſentinelle perduë.

Le deuoir de la ſentinelle perduë conſiſte à bien obſeruer tout ce qu'il luy ſera commandé par celuy qui le poſe. Il doit en arriuant ſur le lieu remarquer pour ſa conſeruation tous les lieux montueux, comme arbres, buiſſons qui ſont aupres de luy, pour s'empeſcher d'eſtre ſurpris venant de l'vn à l'autre, il doit mettre vn

genoüil en terre si le lieu le permet, car
c'est le moyen de voir tout ce qui viendra
vers luy, tant d'vn costé que d'autre, re-
gardant entre deux terres, & pour escouter mettra vne main à terre, car de demeurer le ventre à terre, si le lieu ne le re-
quiert, garde le sommeil, & de se promener c'est le moyen de se faire voir à ceux
qui sçauent le païs de ce qu'il se doit bien
empescher tant des vns que des autres, si
ce n'est d'vn seul traistre qui sortist hors
de la tranchée ou l'enceint du corps de
garde, lequel doit estre saisi ou tué, &
s'ils sont deux, ils en attaqueront autres
deux, apres auoir demandé à basse voix,
qui va là, car ce pourroient bien estre
ceux qui le viendroient releuer, ou pour
luy faire vn commandement: mais pour
vn plus grand nombre & pour ce petit, il
ne doit laisser d'aller tacitement droict à
la sentinelle de derriere luy là conuier de
prendre garde partout, tandis qu'il va
au corps de garde aduertir, afin que l'on
change l'ordre, & s'ils sont deux, l'vne demeurera à ladite pose, si ce n'est qu'ils fussent empeschez de leurs prisonniers, & si
la sentinelle de la tranchée ou de l'enceint
estoit double, l'vn doit faire tous les rap-

ports que la sentinelle perduë leur fera,
afin que la sentinelle perduë retourne à
son deuoir, mais estant seul la sentinelle
perduë fera son rapport elle mesme. Or
s'il voioit apertement vn ou deux des ennemis, doit s'empescher d'estre apperceu
luy-mesme, afin de les espier & les suiure
pas à pas apres auoir monstré à la sentinelle de derriere luy le lieu où il estoit,
afin qu'il y prenne garde, mais s'il y a trop
loin, il ne se doit amuser à cela. Car il faut
que soit sans perdre les ennemis de veuë.
Or s'il voyoit que les ennemis s'en arre-
stassent, & qu'il iugeast qu'ils ne fussent
venus que pour recognoistre le fossé, sentinelles ou tranchées, il doit à haute voix
demander, qui viue, en s'en retirant aux
sentinelles doubles, ou au corps de garde
aduertir de ce qu'il se passe, & s'ils estoient
descouuerts des autres sentinelles, qu'il
ne laisse de faire le mesme chemin aduenir. Or si les ennemis venoient à entrer
dedans le tranchement ou enceint du
corps de garde, il doit les suiure iusques à
ce qu'ils ayent arresté, & doit bien sur
tout remarquer l'endroit où il sera assez
fort, afin de soudain par sa vistesse les fas-
sent saisir par ses superieurs ou autres à la

neceſſité, a qui il demandera main-forte
au deffaut de ſes ſuperieurs , entre les
mains deſquels il doit mettre ſes priſon-
niers auec le moins de bruit que faire ſe
pourra. Or de là il ſe retirera au corps de
garde ou ſelon la voloté de ſes ſuperieurs.
Or paracheuant ſa faction, & voyant les
ennemis apertement venir en gros droit
à luy, doit donner l'alarme de ſa parole ou
par l'effort de ſes armes, & ſe retirer à la
ſentinelle de derriere luy, & s'ils ſont
deux qui leur ait eſté commandé de ne
point donner l'alarme, l'vn demeurera à
ladite poſe iuſques a eſtre forcé de la
quitter, ſe retirant d'vne ſentinelle à l'autre pour mieux remarquer la façon des
ennemis , & l'autre s'en ira tacitement
aduertir le corps de garde ou ſentinelle
double pour ſoudain retourner à ſa place
ſi les autres peuuent faire ſon rapport,
mais eſtant ſeul il ne lairra de faire le meſme chemin d'vn pas viſte & ſourd droict
à ladite ſentinelle de derriere luy, la conuier de ſe tenir ſur ſes gardes & de là au
corps de garde rapporter au vray ce qu'il
aura entendu & veu ſans chanceler, s'il ſe
peut, ny mentir ſur peine de la vie.

Fin des Guets, Eſcoutes, & Sentinelles.

Le deuoir

Le deuoir de la Ronde consiste à bien
regarder & escouter dedans & dehors,
mesmes doit faire des poses pour demander aux sentinelles s'ils n'ont rien apperceu, & se deffiant d'eux, escoutera luy-
mesme du costé du fossé s'il ne descou-
urira rien, & selon le subiect, si c'est chose d'importance, il en fera son rapport à
celuy qui commande dans le corps de
garde, ou autre lieu, comme nous dirons
cy-apres. Or venant vne allarme il y doit
aller, soit deuant ou derriere luy, pour sçauoir ce que c'est, & s'ils sont deux, l'vn
s'en ira aduertir le Sergent maior ou autres, si c'est chose d'importance, & l'autre
acheuera sa ronde, si faire se peut, & estant
seul, il ne doit laisser d'aller à la place d'armes ou autre endroit en aduertir le Sergent maior.

Icy c'est chose d'importance, comme si
le feu estoit dans vn quartier, ou pour vne
mutination, ou pour vne trahison des-
couuerte, & pour voir les ennemis sur le
fossé, ou plus pres, ou pour la fuitte de
quelqu'vn sorty hors de la place, ou enceint, afin d'y remedier & changer l'ordre
s'il est necessaire.

Mais il deuroit estre permis aux rondes de prendre deux ou trois Soldats, iufques au premier corps de garde, pour fur-
uenir à tels accidens.

Or paracheuant fa ronde qu'il rencon-
traft vne fentinelle malade ou bleffée,
doit en aduertir le corps de garde pour y
en faire mettre vne autre, ou qu'il arri-
uaft qu'il n'y en euft point au lieu requis,
car il les doit cognoiftre tous, ou bié qu'il
fuft endormy, il tafchera de fe faifir de fes
armes, & y lairra fon compagnon fans
mot dire, mais il s'en ira au corps de garde pour y en faire mettre vne autre, & fi
ledit ronde eftoit feul, ne luy doit tou-
cher fes armes, mais le doit efueiller &
s'en aller au corps de garde pour en faire
mettre vn autre & ledit endormy fera mis
defarmé entre les mains du Caporal qui
en refpondra pour le mettre entre les
mains du Sergent maior que la ronde en
aduertira. Il doit le mot au corps de garde, & quelquesfois fes marques felon les
lieux, & cas aduenant qu'il fift quelque
demande au corps de garde, comme il
doit faire fçauoir s'il y a quelque chofe de
nouueau, afin d'y faire remedier & en faire fon rapport à fes fuperieurs. Or y trou-

uant manque de lumiere, ou feu, ou que
l'on y fist grand bruit, ou qu'il y eust manque d'hommes, il faut que ce soit auec
discretion qu'il face ses demandes, car la
force ne luy seruiroit de rien: mais si l'on
luy refuse quelque chose, il s'en ira faire
sa plainte si c'est chose d'importance, cō-
me de n'auoir le quart de ses gēs, ou pour
luy auoir refusé vne sentinelle, il partira
tout à l'heure aduertir le Sergent maior,
ou autre qui ait pouuoir de ce faire, pre-
nāt le plus court. Or paracheuant sa ronde, & rencontrant vne autre ronde qui
dist auoir oublié le mot (car l'inferieur le
doit donner au superieur) doit le faire retourner par le chemin d'où il venoit, ou
bien luy dōner le mot s'il en a le pouuoir:
& le cognoissant bien, & ne luy pouuant
donner le mot, le doit faire marcher deuant luy, iusques au premier corps de garde, où il pourra estre cogneu pour y auoir
donné le mot: bref, il doit s'informer que
ce ne soit vne fausse amorce, & s'il se trouue faussaire, il sera mis prisonnier dedans
le corps de garde pour soudain estre in-
terrogé de leurs superieurs, que la ronde
en aduertira, ou bien vn soldat du corps
de garde, que sur tout ils taschent de le

donner à cognoistre au Sergent maior,
afin de changer l'ordre s'il en est besoin.
Or s'il auoit oublié le mot luy-mesme, il
s'en retournera au premier corps de garde les prier de le luy donner, que le recognoissant bien le doiuent faire, il doit
donc donner le mot à ses superieurs te-
nant ses armes basses & à l'endroit des
autres, en deffence passant sans dire que
l'ordinaire, Qui va la. Or rencontrant vne
ronde sourde ou autre personne sans lumiere, doit luy faire donner le mot, & s'il
est ronde sourde luy-mesme, il doit le
mot par tout où il a esté dit, & plus si on
me veut croire, car il le doit à tous ceux
qui vont & qui viennent posant ou releuant des sentinelles, ou seroit qu'il fust
recogneu pour quatriesme ou cinquiesme superieur. La ronde sourde doit auoir
deux mots, vn pour les sentinelles, l'autre
pour les rondes & corps de garde. Or rencontrant autre que ronde sur rampart,
enceint ou muraille, doit estre mis prisonnier au premier corps de garde, se gardant bien de le tuer s'ils n'y sont con-
trainſts, mais sera mis en prison dans ledit corps de garde, & en aduertiront le
Sergent maior ou autre, comme il a esté

dit cy-deſſus, ſauf meilleur aduis. Ie trouue ceſte mode de donner le mot à vne
autre ronde, ny vn Caporal en ſon corps
de garde vn peu chatoüilleux, bien que ie
ne ſois capable de reprendre tant de bons
autheurs qui en ont eſcrit & exercé, mais
ie dis que les Meſſieurs de Veniſe en ont
vne bonne qui eſt des deux ordres, le mot
& le ſignal, comme ſi le mot eſtoit, Sainct
Pierre, le ſignal fuſt la clef, ou bien Sainct
Paul fuſt le mot, & le ſignal fuſt l'eſpée,
ou choſe ſemblable. Or qui veut auoir le
mot en ronde, faut qu'il donne le ſignal
apres auoir receu le mot, ſauf meilleur aduis il me ſemble que pour n'eſtre point
trompé à l'vſage que l'on tient que l'inferieur donne le mot au ſuperieur en ronde, ou le Caporal à ſon corps de garde,
que tous ceux qui doiuent receuoir le
mot deuroient dire leurs noms, deman-
dez par ceux qui doiuent donner le mot,
tant rondes que corps de garde pour n'e-
ſtre point trompé, comme eſtant choſe
facile à faire, puis que de iour vn faux vi-
ſage trompe la veuë, à plus forte raiſon la
nuict comme maſquée trompera t'elle
ladite veuë.

Fin de la Ronde.

Du guet deſſus la mer.

Le guet de deſſus vne hune doit auoir
la voix bonne & la veuë pour auoir l'hori-
ſon plus grand, afin de s'empeſcher des
eſcueils & autres obſtacles, & pour voir
des vaiſſeaux pour en dire le nombre, &
doit cognoiſtre la difference des vns aux
autres, & les couleurs des enſeignes &
guidons de leurs ennemis, afin de dire &
declarer le tout.

L'vn des deuoirs du Capitaine & autre
qui a pouuoir de donner commandemẽt
eſt de ſçauoir faire election de ſes officiers
& de cognoiſtre la capacité & valeur de
ſes Soldats, & pour les cognoiſtre il doit
faire election de deux ou trois des plus
aduiſez de ſa compagnie, non flatteurs
que l'on appelle, mais gens capables pour
ce faire qui accoſteront les autres pour
ſonder leur capacité, & en feront leur rapport auec equité, non par enuie ny par
charité, dequoy le Capitaine ſe doit deſ-
fier, car d'vn ſot il en pourroit bien faire
vn honneſte homme, & d'vn honneſte
homme vn ſot, donc ne s'en rapportera
du tout à eux, car rencontrant celuy de
qui l'on luy aura parlé, il le doit entretenir
en particulier, car c'eſt le moyen d'appren-

dre ce qui luy est incogneu, & pour apres
les disposer selõ leur capacité, & qu'il sçache que sondant leur iugement, c'est son·
der leurs courages, car fort raremét trouue on l'vn sans l'autre: qu'ils sçachent que
la capacité de l'hõme se doit iuger par le
moyẽ de l'ouye qu'il ne le doit mettre au
rang des cheuaux & autres sortes d'ani-
maux, que leur bonté n'est recogneuë que
par le moyen de la veuë, qu'il sçache qu'il
n'y a rien de plus difficile à recognoistre
que la capacité de l'homme, voila pourquoy il ne le fera seruir de statuë en son
logis, ou autre part. Il doit prendre peine
d'accorder les querelles, mesme doit laisser toute chose pour ce faire, car c'est le
moyen d'embrasser toutes affaires, parce
qu'il fait le seruice de Dieu & de son Prince, qu'ils ne facent comme des Capitaines
que i'ay veus qui par leur negligence ou
meschanceté ont esté cause de la mort de
maints galants hommes, dont ils en ren-
dront compte, comme estant contre la
volonté de Dieu & le seruice de leur
Prince. Qu'il se dõne garde lors qu'il aura esté aduerty d'vne querelle de se con-
tenter pour leur ouïr dire qu'ils ne se de-
mandent rien, car il ne se doit fier que les

Edicts du Prince sont suffisants de les empescher de se precipiter comme l'on les
voit tous les iours, mais doit les mettre en
prison iusques à ce qu'ils ayent confessé
la debte. Il les accordera sans faueur, sans
demander qui est celuy-cy, ny celuy-là,
car il doit croire que nous sommes tous
fils d'Adam, & d'Eue. Il ne mesdira d'eux
s'il ne veut s'en deffaire, mais leur seruira
de pere à tout ce qui luy sera possible, s'il
veut porter le nom de bon Capitaine.

De mesme, Sire, comme premier Capitaine pour acquerir la mesme gloire,
(comme d'heureuse memoire) de cest in-
uincible HENRY lequel par sa bonne po-
lice & beaux exploits d'armes portoit le
nom de grand Capitaine, vray pere des
Soldats. Donc Sire, pour ce faire, il con-
uient vous informer à ces prudens personnages qui sont auprès de vostre Maje-
sté, sçauoir à quoy consiste la charge de
l'vn & le deuoir de l'autre, car c'est le
moyen de se rendre capable de toutes
choses, & principalement le fait de la
guerre qui ne s'apprend gueres en lisant,
auquel vous deuez estre le plus versé pour
disposer les grades & commandements
qui ne se doiuent donner legerement, car

il faut que ce soit à l'experience mesme, &
non a l'esperance comme l'on fait à beau-
coup d'endroits que i'ay pratiqué, qui les
donnêt par importunité à des pages sous
esperance qu'ils se pourront rendre capables, ou autres personnages pour de l'argent: si bien qu'vn porcher qui aura trouué vn thresor sera honneste homme, parce qu'il a de l'argent, & aura charge en ce
païs là mesme, s'il falloit que ces gens-là
donnassent compte des charges deuant
que de les posseder, ils seroient bien estô-
nez, & ce seroit le moyen de leur en faire
perdre l'enuie leur faisant ces demandes:
ce qui se doit plustost pratiquer parmy les
gens de guerre, veu que la plus petite
charge est suffisante quand ce seroit la
moindre qui est celle de Caporal, ou Lancepassade, de faire perdre vne armée, s'il
ne s'en sçait acquitter. Voila pourquoy
tout homme qui a pouuoir de donner
commandemês doit s'informer de celuy
qu'il veut honorer de quelque grade ou
commandement sçauoir s'il en est capable, car que l'on regarde toutes sortes de
conditions & mestiers que deuant que
d'estre receus maistres, faut qu'ils facent
vn chef d'œuure deuant les iurez, le Con-

ſeiller deuant que d'eſtre receu, l'Aduo-
cat, vn ſimple chauſſetier de peur de ga-
ſter vn meſchant bas de chauſſe. A plus
forte raiſon les gens de guerre deuroient
ils donner raiſon de leur capacité deuant
que d'auoir charge ou commandement,
veu que tout l'eſtat repoſe ſouuent ſur vn
ſeul homme. Or Sire, pour recognoiſtre
la capacité de la perſonne que deſirez
honorer d'vn commandement, elle doit
eſtre priſe en particulier, & luy faire declarer les poincts de ladite charge, au
moins d'vne partie, car pour dire le tout
il faudroit auoir la memoire bien-heureu-
ſe, & s'il n'en parle pertinemment vous
en appellerez vn autre qui en parlera pertinemment, mais que ce ſoit par pratique
& non par ſeule theorique, mais tous les
deux ſymboliſent enſemble, & ce ſera le
vray moyen de conuier toutes ſortes de
perſonnes, d'eſtudier & d'aller chercher
les occaſions pour ſe rendre capables, &
le moyen de faire perdre l'enuie à ceux
qui deſirent auoir commandement ſans
auoir nulle experience ny capacité, mais
chacun croit en auoir aſſez pour ſoy. Car
qui demanderoit à Maiſtre Guillaume, &
à ces deux grands Mirmidons nommez

Mistoudin & du Mont, s'ils ne sont pas
capables d'estre Capitaines, qu'ils diroiēt
bien que ouy, & que celuy qui porte l'harquebuse diroit bien Maistre de Camp,
mais s'il falloit qu'ils donnassent compte
de ces charges, ce seroit le moyen de les
rendre plus petits qu'ils ne sont.

Or sçache toute personne qui a pouuoir de donner commandement qu'in-
formant autruy, se rend capable luy mesme.

Sire, l'experience est la mere des scien-
ces, & afin de recognoistre partie des personnages qui la possedent, vous pourriez
auoir les pourtraits de tous les Gouuerneurs, Lieutenans de toutes les places de
vostre Empire, & de tous les maistres de
Camp, & de tous les trois premiers mem-
bres de chaque compagnie de caualerie,
& de l'infanterie, & que chaque pourtrait
portast le nom de la personne qu'il represente accompagné du nom de leurs charges, & combien il y a qu'il la possede, par
ce moyen vostre Maiesté cognoistra les
merites de ces persōnages lors qu'ils vous
feront representez pour mieux disposer
les charges à chacun selon son merite,
comme il a esté dit.

Sire, il eſt tres-facile à voſtre Maieſté
de recouurer tous leſdits tableaux ſans en
deſbourſer vn ſeul double, car vn chacun
ſera bien aiſe d'auoir ſon pourtrait là ou
il plaira à voſtre Maieſté luy donner place.

S'il plaiſt à voſtre Maieſté, vous n'aurez
qu'à commander à tous les Gouuerneurs
des Prouinces de faire porter chacun le
ſien, accompagné de tous ceux qui ſont
ſoubs leurs charges ayant paye morte, &
les Maiſtres de Camp & Chefs de caua-
rie feront le ſemblable, ce faiſant vous
repreſenterez vn vray champ de Flore
remply des forces de Mars & de Bellone,
dont ie m'aſſeure, Sire, que de voir rangez tous les pourtraicts des Gouuerneurs
des Prouinces, accompagnez de tous
ceux qui ſont ſoubs leurs charges, tant la
caualerie que l'infanterie, que le tout
rangez ſelon leurs degrez ou commandemens, contentera autant la veuë que
l'aſpect de la ſalle des antiques.

Sire, cecy declare les vtilitez & profits
qui ſe peuuent faire faiſant les pourtraits
deſquels il eſt fait mention.

Le premier eſt, qu'ils ſeruiront d'aide,
car ayant les noms des perſonnages, deſ-

quels il a esté parlé, & le nom de leurs charges, & combien il y a qu'ils la posse-dent le tout dedans leurs dits tableaux, on les pourra aisément cognoistre sans les auoir iamais veus, afin de disposer les charges à chacun selon son merite.

Le second est que on se peut saisir plus aisément d'vne personne si elle verse mal ayant son tableau que sans tableau.

Le troisiesme est, qu'à l'aduenir on pourra recognoistre ceux qui sont no-bles par le moyen de l'espée, parce que les noms des deffuncts doiuent demeurer aux pieds de leur propre tableau.

Le quatriesme est pour empescher les païsans d'ennoblir personne par force, comme ils y sont souuent contraints.

Le cinquiesme est, pour la beauté que les tableau auront estant rangez dedans vne gallerie ou autre part, comme il a esté dit.

AV ROY.

OVYS mon Roy, mon esperance,
C'est de voir les peuples diuers,
De ce vaste & riche vniuers
Arangez soubs vostre puissance:
Mon espoir asseuré ie fonde:
Car vos propos vrayement Royaux,
Et vos braues traicts Marciaux,
Peuuent bien dompter tout le monde.

Bonne donc est ceste esperance,
Que i'ay d'entonner sur mon luth,
Vos triomphes porte-salut,
O grand Monarque de la France.

Mais ce n'est pas assez, ô Sire,
Que nous vous voyons commander,
Il faut que nous sçachions garder
Les murailles de vostre Empire.

Voila pourquoy ie prends la peine,
D'estaller deuant vos soldars,
Ce que m'a monstré le Dieu Mars,
Pour faire vne garde certaine.

Que si ma volée est trop haute,
On s'en doit prendre au grand desir
Qu'ay de vous seruir à plaisir,
Car il me porte à ceste faute.

A L'ENVIEVX.

ENuieux mesdisant monstre nous ta mai-
    strise,
Fay mieux que ie n'ay fait en ce petit discours,
Et ne detracte plus, car le faisant tousiours,
Tu pourrois descouurir ta brutale bestise.

SIXAIN.

SI naistre d'vn François au meilleur de la
    France,
Si mettre pour le lis sa force & sa prudence,
Si aller pour le lis sur la terre & sur l'onde,
Si mettre pour le lis ses effets & sa voix,
Si faire tout cela est estre bon François,
DESCIAV est vn François & des meilleurs du
    monde.

H. MEINIER.